VENTE

du Lundi 11 Mars 1912

HOTEL DROUOT - SALLE N° 10

A DEUX HEURES

TABLEAUX

AQUARELLES, PASTELS, DESSINS

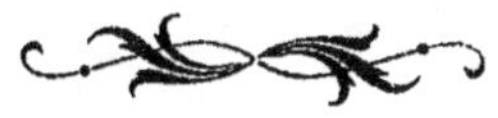

COMMISSAIRE-PRISEUR

M· Robert BIGNON

EXPERT

M. F. MARBOUTIN

C. Chaufour, Imprim.
6-8. Rue Milton, Paris

CATALOGUE

DES

Tableaux Modernes

PAR

BERNE-BELLECOURT, BULAND (E.), BURGERS (H.-J.)
DE CONDAMY, DELANOY, DESHAYES (EUG.), FOURNIER (L.-E.)
GUILLEMET, HEIBUTH, JAPY, LE ROY (J.)
LOIR (LUIGI), LOUVET (C.), MASSON (BÉNÉDICT)
MAUFRA, PALIZZI, QUOST (E.)
ROBERT (LÉOPOLD), ROUSSEAU (PH.), SAIN (P.)
STEVENS (ALF.), TROUILLEBERT, VERBŒCKHOVEN, WAGREZ
WEBER (TH.), etc.

AQUARELLES - PASTELS - DESSINS

PAR

APPAY (E.), BIDA, COTTIN (F.), GALIEN-LALOUE, GARAT (F.)
GÉROME, HAWKINS, LANOUE (H.)
MÉRY (E.), OSTERLIND, PICHAT (O.), SINET (A.), etc.

TABLEAUX ANCIENS

DONT LA VENTE AURA LIEU

HOTEL DROUOT — SALLE N° 10

Le Lundi 11 Mars 1912

A 2 HEURES

Mᵉ Robert BIGNON	M. F. MARBOUTIN
COMMISSAIRE-PRISEUR	PEINTRE-EXPERT
41, *Rue de la Victoire*, 41	2, *Rue de Marseille*, 2

EXPOSITION PUBLIQUE

Le Dimanche 10 Mars 1912, de 2 heures à 6 heures

CONDITIONS DE LA VENTE

———

Elle sera faite au comptant.

Les acquéreurs payeront *dix pour cent* en sus des enchères.

L'exposition mettant le public à même de se rendre compte de l'état des objets, il ne sera admis aucune réclamation une fois l'adjudication prononcée.

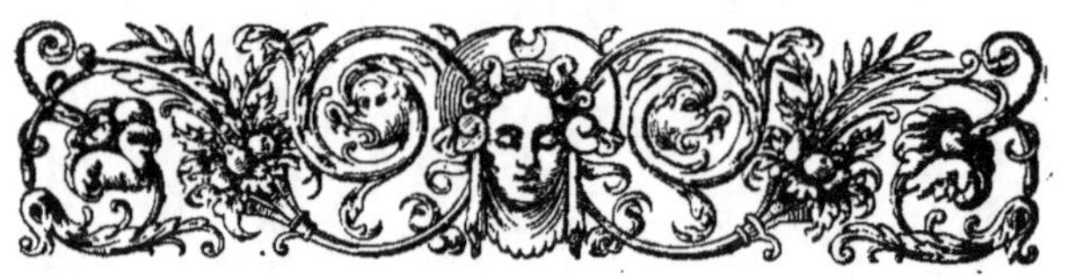

DÉSIGNATION

TABLEAUX MODERNES

AMALFI

1 — Jeunesse.

ANTONIO (C. DE)

2 — Etang près Gien.

AUB (MARY)

3 — Vieille paysanne.

BARNOIN (H.)

4 — Retour de pêche.

BASTIEN-LEPAGE

5 — Marine.

BERNE-BELLECOURT

6 — Délassement.

BIENNOURY (V.)

7 — L'Enlèvement d'Andromède.

BLAISE (L.)

8 — Notre-Dame. Matin.

BRUNEL-NEUVILLE

9 — Nature morte.

BULAND (E.)

10 — Une Rue en Orient.

BURGERS (H.-J.)

11 — Sous la Véranda.

CALVÈS (Marie)

12 — Jeune berger.

CONDAMY (D.)

13 — Rendez-vous de chasse.

COOCK (Attribué à César de)

14 — Sous bois.

COTTRAN (F.)

15 — Coquetterie.

COURBOIN (E.)

16 — Aux Manœuvres.

DALIPHARD (E.)

17 — La Grange Saint-Louis près Poissy.
Salon de 1868.

DAMERON

18 — Sous bois.

DEBON

19 — Fleurs.

DELANOY (H.-P.)

20 — Bibelots d'Orient.

DELPY (J.-C.)

21 — La Seine à Conflans.

DESHAYES (Eug.)

22 — Paysage des Alpes.

DOFAIR (Gh.)

23 — Fjiord en Norwège.

DOIGNEAU (Ed.)

24 — Le Chasseur.

DRAMARD (G. de)

25 — Le Vœu.

DUPONT

26 — La Marguerite.

ECOLE 1838

27 — Le Sentier.
Important tableau.

28 — Soleil couchant.

29 — Automne en forêt.

30 — Paysage dans le Jura.

31 — Lisière de forêt.

32 — La Rentrée des foins.

ÉCOLE MODERNE

33 — La Cigale.

34 — Vision d'Orient.

35 — Paysage dans la Somme.

36 — Paysage.

FARIN (G)

37 — Nature morte.

38 — Coin de château.

FOURNIER (Louis-Edouard)

39 — Cavaliers arabes.

40 — Scène biblique.

GARAUD (Gustave)

41 — Le Moulin Cottin aux Vaux-de-Cernay.

GLEIM (E.)

42 — Le Soir.

GUILLEMET (A.)

43 — Environs de Cherbourg.

HEILBUTH

44 — Jeune femme.

HOSTEIN (Ed.)

45 — Cour de ferme.

HUET (Attribué à Paul)

46 — La Cascade.

ISAILOFF (A,)

47 — La Seine au pont d'Austerlitz.

48 — Barques de pêcheurs. Venise.

INCONNUS

49 — Les Patineurs.

5o — Vue de Hollande.

5i — Cap Martin. Lever de lune.

5a — Moulins en Hollande.

ISABEY (Ecole de Eug.)

53 — Pêcheurs de Calais.

JAPY (L.)

54 — Moutons au pâturage.

J.-B.

55 — Paysage. Effet de neige.

J.-R.

56-57 — Fleurs.
   Deux pendants.

LAGARDE (Pierre)

58 — Lever de lune.

LANSYER

5g — Paysage.
   Etude.

LAZERGES (Paul)

6o — En Algérie.
   Étude.

6i — Environs de Biskra.

LEMESLE (R.)

62 — Crépuscule.

63 — Fleurs et fruits.

LE ROY (Jules)

64 — Chatte et son petit.

65 — Jeune chat.

LOIR (Luigi)

66 — Après l'orage.

LOUVET (Camille)

67 — Sous les ormes de Villeneuve (Anjou).

68 — Prairie aux bords de la Loire

69 — Le Soir. Entrée du village.

MAREC (Vicuor)

70 — Au Bois de Boulogne.

MARTIN (Jules)

71 — Paysage.

MARKS (Claude)

72 — Sur la falaise. Bretagne.

MASSON (Bénédict)

73 — Allégorie.

MAUFRA

74 — Marine. Côtes de Bretagne.

75 — Nuit claire.

MAYRE (C.)

76 — Les Cerises.

MICHEL (P.)

77 — Étang à Abrest, près Vichy.

78 — La Saulée. Matin.

MILBOURNE (H.)

79 — Vaches au repos.

MOREAU-NÉLATON

80 — Dans les dunes. Soleil couchant.

MORET (HENRY)

81 — Bretonne sur la falaise.

NOEL (Genre de J.)

82 — Vieilles maisons.

PALIZZI (J.)

83 — Un Bélier.

PÉCRUS (C.)

84 — Laveuses sur la Toucques. Trouville.

PICHOT (R.)

85 — L'Aube.

PRUD'HON (École de)

86 — Allégorie.

QUINTON (CL.)

87 — Le Labourage. Soir.

QUOST (E.)

88 — Plaisirs d'été.

ROBERT (Léopold)

89 — Italienne.

RICARD (Genre de)

90 — Tête de femme.

ROUSSEAU (Ph.)

91 — Nature morte.

SAIN (Paul)

92 — Au Bas-Meudon.

SINIBALDI (P.)

— Automne.

STEVENS (Alf.)

94 — Marine.

95 — Pleine mer.

TASSAERT (D'après)

96 — La Famille malheureuse.

TILLIER (P.)

97 — Diane.

TIMMERMANS

98 — Saint-Malo.

TROUILLEBERT

99 — Chemin à Ville-d'Avray.

TRUCHET (Abel)

100 — Sur la Jetée à Douarnenez.

ULLMANN (B.)

101 — Nature morte.

VERBŒCKHOVEN

102 — Paysage avec animaux.

WAGREZ

103 — Les Mosaïtes de Saint-Marc. Venise xvᵉ siècle.
Salon de 1908.

104 — Le Miracle des roses.

105 — Eros.

WEBER (Tʜ.)

106 — Barques de pêche à Yport.

WERTHEIMER (G.)

107 — Lionceaux.

TABLEAUX ANCIENS

DUGHET (Attribué à G.)

108 — Paysage d'Italie.

ÉCOLE ESPAGNOLE

109 — Le Vieux Mendiant.

ECOLE FLAMANDE

110 — Le Berger.

111 — Le Fumeur.

ECOLE FRANÇAISE

112 — Chasse à Courre.

ÉCOLE FRANÇAISE

113 — Portrait d'un Magistrat.

ÉCOLE FRANÇAISE XVIIIᵉ SIÈCLE

114 — Paysage animé.

115 — Fleurs dans un vase.
Monogramme TV 1790.

116 — Les Moutons.

117 — Moïse frappant le rocher.

FRANCK (Attribué à)

118 — Festin.

AQUARELLES, PASTELS

DESSINS

APPAY (E.)

119 — Le port d'Anvers.
Aquarelle.

AVITABILE (G.)

120 — La Vague.
Aquarelle.

BIDA

121 — Tête d'homme.
Dessin rehaussé.

BONNEFOY (H.)

122 — Ferme en Picardie.

Aquarelle.

BOURCOIN

123 — Près de la ferme.

Aquarelle.

COTTIN (E.)

124 — Nos Juges.

Aquarelle.

DECAMP (Attribué à)

125 — Dans les carrières.

Aquarelle.

DELEYRENS

126 — La Toilette.

Dessin rehaussé.

ÉCOLE 1830

127 — Vieilles maisons à Abbeville.

Aquarelle.

ESPINASSE

128 — Groupe de chiens.

Aquarelle.

129 — Chien de chasse.

Aquarelle.

GALIEN-LALOUE (E.)

130 — La Seine au pont d'Austerlitz. Soir.

Gouache.

GARAT (Fr.)

131 — La Place du Carrousel. Monument de Gambetta.

Aquarelle.

GARNIER (G.)

132 — Jeune fille blonde.

Aquarelle.

GERBAULT

133 — Au Cirque Molier.

Dessin rehaussé.

GÉROME (L.)

134 — Femme d'Orient.

Mine de plomb.

GRIGNON (E.)

135 — La Tabatière.

Dessin rehaussé.

HAWKINS (H.)

136 — Dans les champs.

Aquarelle.

HELS (H. S.)

137 — Les Saltimbanques.

Pastel.

LANOUE (H.)

138 — Le Pont du Gard.

Pastel.

LETEURTRE (E.)

139 — Vue de Jouy-le-Comte.

Aquarelle.

MÉRY (E.)

140 — Poulets et papillons.

Gouache.

OSTERLIND

141 — Les Laveuses.

Aquarelle.

PELLETIER (P. J.)

142 — Un coin à Nanterre par la neige.

Pastel.

PICHAT (O.)

143 — Cavalier, Garde-Royale anglaise.

Aquarelle.

PILLARES

144 — Marché à Séville.

Aquarelle.

PILLON (D.)

145 — La Salute. Venise.

Aquarelle.

SALLES (R.)

146 — Le Grand Guignol.

Gouache.

SINET (André)

147 — L'Avenue du Bois de Boulogne.
Pastel.

SINEY

148 — Les Coquelicots.
Pastel.

VILLON (J.)

149 — Danseuse espagnole.
Aquarelle.

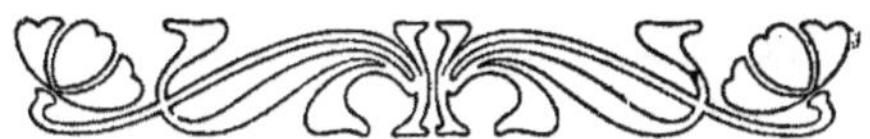